U0930854

救救孩子

漫谈孩子成长的烦恼

〔日〕 森隆夫 ◎ 著
覃月菱 ◎ 译

中国人口出版社
China Population Publishing House
全国百佳出版单位

图书在版编目（CIP）数据

救救孩子 ：漫谈孩子成长的烦恼 ／（日）森隆夫著 ；覃月菱译．—— 北京 ：中国人口出版社，2014.3

ISBN 978-7-5101-2138-8

Ⅰ．①救… Ⅱ．①森… ②覃… Ⅲ．①家庭教育－教育心理学 Ⅳ．①G78

中国版本图书馆CIP数据核字(2013)第291218号

著作权合同登记号：01-2013-7525

救救孩子：漫谈孩子成长的烦恼

（日）森隆夫　著

覃月菱　译

出版发行　中国人口出版社
印　　刷　北京盛兰兄弟印刷装订有限公司
开　　本　889毫米×1194毫米　1/24
印　　张　4.5
字　　数　250千字
版　　次　2014年3月第1版
印　　次　2014年3月第1次印刷
书　　号　ISBN 978-7-5101-2138-8
定　　价　28.00元

社　　长　陶庆军
网　　址　www.rkcbs.net
电子信箱　rkcbs@126.com
电　　话　（010）83594662
传　　真　（010）83519401
地　　址　北京市西城区广安门南街80号中加大厦
邮　　编　100054

前言

近年来，青少年的心理问题不仅成为教育和医疗领域里的难题，在其他领域里也被视作重点课题之一。由于家庭环境的极大差异加上少子化现象的漫延，家长往往会对孩子寄予过高的期望，导致孩子承受巨大的压力。另一方面，很多家长又并不知道孩子在想些什么，孩子为何烦恼，同时也找不到方法和孩子沟通，这种情况是最令人担忧的。

现代社会的物质条件很优越，信息化的发展也给人们的生活提供了便利，但是如果孩子拥有一颗焦虑的心，是难以融入这个社会的。比如，媒体传出的众多负面新闻就很难让孩子感受到光明的未来。一颗焦虑的心，虽然也能轻松获取各种信息，但根本上失去梦想的能力，小小的心灵会因此更加陷入困境。

孩子的压力过大，而又缺乏自我解决烦恼的能力，会导致他们拒绝上学，长大之后还会闭门不出与世隔绝。也有的孩子不能很好地与人相处，多表现为固执，不顾及他人的感受，长大后也干脆不与人交往，整天在玩手机或玩游戏中虚度光阴。

如果家长不知该如何教育孩子，身边又缺少可以商量的人，那么家长也会陷入焦虑不安的情绪当中。作为孩子本身，他们对自己的情绪变化很敏感，这让他们十分痛苦。可当他们想向父母求助时，发现父母同样不安，这只会使得孩子的问题更加严重。所以，家长需要树立心理保健意识，发现问题并积极地去寻求解决方法。

另外，关注孩子心灵健康的机构很多，如果爸爸妈妈们觉得孩子的状况不对劲，请不要迷茫和独自苦恼，应及时咨询相关的专业机构或医生。通过咨询就可以掌握正确的知识，客观地了解孩子的情况，从而找到适当的解决办法。

本书将会针对孩子的心理问题进行详细说明。我希望多一些家长关心孩子的心理健康，多一些家长掌握适当的解决办法。

森隆夫

2012 年 12 月

第1章 谁都会有烦恼

第2章 心理问题其实就是大脑问题

第3章 通过咨询就诊来解决问题

第4章 如何应对孩子的心灵呼唤

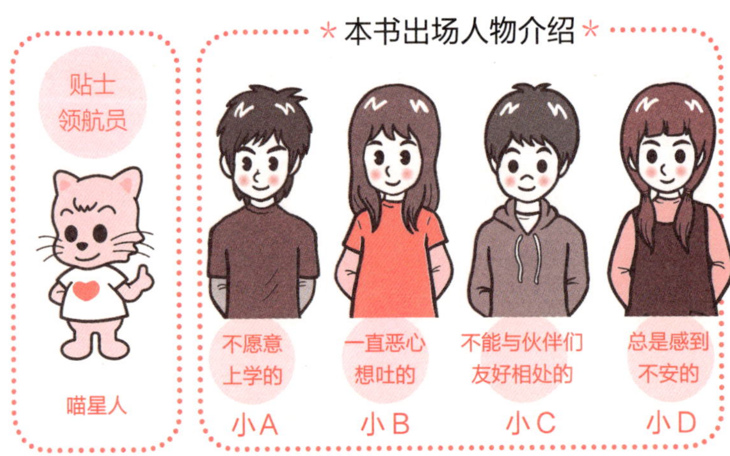

谁都会有烦恼

现代社会，压力大的人越来越多。而当我们的孩子无法应对压力时，则会表现出：闭门不出，不愿上学，家庭暴力，暴饮暴食，厌食症等，另外还会引发多种问题，不可小看哦。

什么叫做心理问题

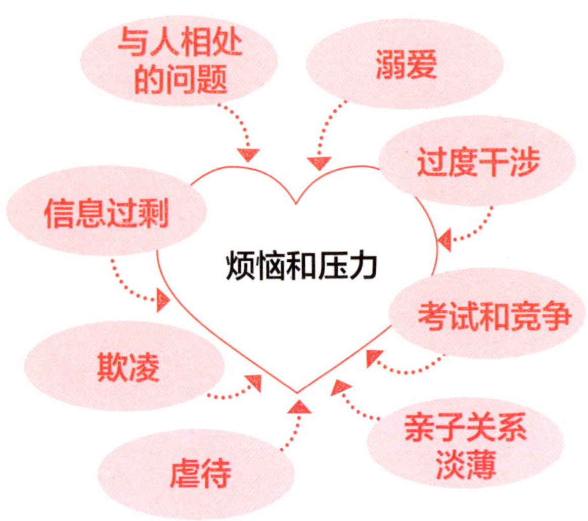

就诊的孩子开始增多

近年来，越来越多的孩子出现了心理问题。据说日本拒绝上学的孩子已经超过10万人。如果出现了心理问题，孩子可能会出现交往障碍，他们会选择闷在家里，也不去上学。有的孩子还会显得很固执，不考虑周围人的感受，排斥与自己有不同想法的人，经常有欺凌他人的行为等。

原因可能是现代社会人们的物质条件优越却缺乏精神上的满足。尤其是孩子们失去了原本应有的快乐，遭受到了过度干涉、溺爱或虐待，还要面临竞争激烈的社会。可见，孩子的压力也是很大的。

认识心理问题

现代社会里到处充满着压力，所以有心理问题已不是稀奇的事。有很多人开始通过咨询专家来获得正确的解决办法。但是也有很多人误认为心理问题“可以用情绪调节”“可以用性格治疗”“取决于父母的教育”等。事实上，这些都是偏见。本书将详细介绍各种心理问题，教大家纠正偏见及错误的想法，找到正确的解决办法。

心理问题的一般原因

- ▲ 自己讨厌的事物
- ▲ 创伤
- ▲ 各种不安
- ▲ 戏弄和欺凌
- ▲ 虐待
- ▲ 悲伤
- ▲ 愤怒
- ▲ 恐惧等

● 问题行为会成为生活的障碍

如果情绪不稳定、身体异常以及问题行为严重影响了正常生活，就会被认为是有心理问题了。孩子还会表现为冲动易怒，自闭，不能与人好好相处。

各种问题行为的表现

- ▲ 冲动暴怒
- ▲ 乱发脾气
- ▲ 恶言相对
- ▲ 喜怒无常
- ▲ 突然变脸
- ▲ 走极端
- ▲ 不能集中精神
- ▲ 不能与人好好交谈
- ▲ 没有自信
- ▲ 自卑
- ▲ 不能与人好好相处
- ▲ 学习不好等

总觉得情绪不稳定

心理问题
- 阿斯伯格综合征（P35）
- 综合失调症（P37）
- 抑郁症（P38）

心里的烦恼表现在身体上

各种压力会让情绪变得不稳定。比如忧虑的时候胃就疼得厉害，什么都不想做。患有哮喘、过敏性皮炎的孩子遇上焦虑还会加重病情。

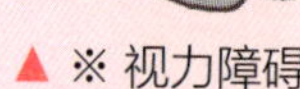

身心上需要注意的疾患（日本身心医学会）

▲ 支气管哮喘

▲ 过度换气综合征

若精神不稳定呼吸就会过度频繁，最后引起手脚和嘴唇抽搐，心跳加快。

▲ ※ 愤怒痉挛

▲ 消化性溃疡

▲ 过敏性肠道综合征

▲ 反复性胃痛

▲ 神经性食欲不振

▲ 神经性厌食

▲ 暴食症

▲ 周期性呕吐症

▲ ※ 吞气症

吞咽唾液的次数增多。

▲ ※ 遗便症

便便不拉在厕所，而是拉在内裤或者地板上。也就是在不该排便的地方排便。

▲ ※ 呕吐

▲ ※ 腹泻

▲ ※ 便秘

▲ ※ 异食症

吃没有营养的东西或者不该入口的东西（泥土、纸张、黏土、毛发、冰块、木炭、粉笔等）。

▲ 起立性调节障碍

自律神经失调症的一种，多见于青春期女孩。常见症状有：头晕，站立眩晕，心悸，气急，腹痛，头痛，倦怠感等。

▲ ※ 心悸

和心悸症状大体相同。尤其是患有心脏病、贫血、甲状腺功能亢进症、抑郁症的人以及身体疲劳的人要特别注意。

▲ 窦性心律不齐

与心悸相似的症状。与心情无关，而是由神经传达物质的异常分泌引起。

▲ ※ 神经性尿频

▲ ※ 夜尿症

▲ ※ 遗尿症

不能控制排尿。心理原因居多，身体上常因过敏、脑神经异常、尿路慢性疾病等引起遗尿。

▲ ※ 头痛

▲ 偏头痛

▲ ※ 头晕

▲ ※ 晕车晕船

▲ ※ 痉挛

▲ ※ 心因性痉挛

▲ ※ 意识障碍

▲ ※ 视力障碍

▲ ※ 听力障碍

▲ ※ 运动麻痹

▲ 甲状腺功能亢进症

▲ 糖尿病

▲ 精神性侏儒症

由于受到虐待等，导致了身体发育受阻，或者小儿时期缺乏关爱会引起情感障碍。

▲ 肥胖症

▲ 过敏性皮肤病

▲ 慢性荨麻疹

▲ 圆形脱毛症

▲ ※ 拔毛症

▲ ※ 夜惊症

睡眠中突然惊叫，持续几分钟至十几分钟，醒来之后本人全然不知。一般多见于小学低年级孩子，高年级以上较为少见。

▲ ※ 口吃

▲ ※ 心因性发热

带 ※ 号的疾病包括：暂时的身心反应、发育未完全的身体症状（反应）、神经病。

症状不稳定也是特征之一

大人感到压力增大往往会出现血压升高、胃功能减弱、头痛等症状。而孩子的身心发育还不完全，精神层面也未成熟，所以症状会很不稳定。但又因为这些情况是暂时性的，所以也比较容易治愈。关键就在于尽早发现症状，及时采取措施。

经常感到不安

家长们要留意自己的孩子是否会出现这些症状，比如无法忍受事情没有按照自己的想法发展，常常焦虑不安，无法控制自己的情绪，冲动易怒，爱发脾气，不善于表达自己的情感。或者因一点小事就发脾气，过后又变得很兴奋，甚至不记得自己说过什么、干过什么。出现这些症状的话，孩子在学校会难以融入集体。也许有的家长觉得“我家孩子才不会这样”，所以不会去认真思考这些问题。不知不觉中这些状况发展下去进而演变成更为严重的问题，孩子的身体也跟着出现异常，这就麻烦了。

无法保持安静

心理问题
- 注意力缺陷多动障碍（P35）
- 阿斯伯格综合征（P35）
- 学习障碍（P36）

不能保持安静，到处活动

活泼爱玩都是孩子的天性，但是，如果这个天性走向极端，孩子的集体生活就容易出现问题。比如出现极端行为或者到了高年级仍不能老实坐着，上课时仍不断说话或者到处乱跑影响他人学习。如果家长注意到这些情况，那就尽早去咨询专家吧。

无法保持安静的表现

▲ 上课时到处乱跑

▲ 不顾场合地继续说话

▲ 不能老实坐着

▲ 有盗窃癖

▲ 大声说出自己想到的事情

▲ 不能遵守秩序

▲ 突然在路上飞奔

如果不把心里的想法说出来就很难受

上课时不管想到什么就马上发言，或者无所顾忌地说些失礼的话，有喜新厌旧的倾向，不能集中注意力做事等。出现这类问题通常会被认为是家长没教育好孩子。如果家长因此责骂孩子还会起到反效果，孩子也会变得动辄就发脾气的状态，自然也不能好好地处理与小伙伴的关系。一旦陷入恶性循环，还会引发其他心理问题和矛盾，所以家长们要当心哦。

无法保持安静的解决办法

- ▲ 询问理由
- ▲ 做好事要表扬，出现问题要指出
- ▲ 发脾气的时候要冷静等待，待其冷静之后再沟通
- ▲ 根据不同场合指导正确行为
- ▲ 就医问诊，开处方
- ▲ 锻炼社交

夜里睡不着，早上起不来

心理问题 ●综合失调症（P37） ●抑郁症（P38） ●广泛性焦虑症（P40） ●分离焦虑障碍（P45） ●摄食障碍（P48）等

● 早上起不来

早上起不来的话对生活会造成很大的影响。好不容易起来了，孩子又会出现这样那样的问题。有的孩子在起床的时候感觉身体不适，整个上午都感到困倦或者头痛。还有的在早上集会的时候会晕倒，或者觉得眩晕，心悸，肚子疼。

如果你的孩子经常这样：先是上午感到身体不适，到了下午就恢复正常，接着开始熬夜，于是第二天早上又起不来了，这就进入了一个恶性循环，一定要引起注意。长此以往会有睡眠障碍。当然，如果只是暂时现象，倒不用太过担心。

● 晚上睡得不安稳

如果晚上很晚才睡的话，早上当然会起不来。打乱了睡眠规律，就会打乱生活规律，还容易引起心理问题。焦虑会影响睡眠让人难以入睡，而反过来睡眠不好又会增加焦虑感及紧张感。

有的孩子的症状有季节性变化，在春夏季节更容易失眠。还有的 10 岁以下的孩子在夜里会哭泣、叫喊。出现这些情况的原因有很多种，关键还是要根据孩子的具体情况去分析。

到了青春期，孩子的身体快速发育，有的孩子会出现自律神经失调，因此早上也会出现身体不适。

睡不着的原因

- ▲ 强烈的焦虑感
- ▲ 强烈的紧张感
- ▲ 生活规律被打乱

心理问题

- ▲ 综合失调症
- ▲ 焦虑障碍
- ▲ 抑郁症、躁郁症
- ▲ 睡眠障碍
- ▲ 摄食障碍等

不能与人好好相处

心理问题
- 注意力缺陷多动障碍（P35）
- 阿斯伯格综合征（P35）
- 人格障碍（P46）
- 行为障碍（P47）等

不能控制自己的情感

小时候就不能很好地控制情感的话，越长大就越难治疗。不能控制情感具体表现为频繁争吵，逃课，和老师、家长顶嘴，盗窃商店物品，离家出走，虐待动物，情绪失控，攻击性强，不会维护朋友间的关系，不能融入集体，因为一点小事就大动肝火、恶言相对，甚至对家人、朋友施加暴力。为了避免情况恶化，如果注意到孩子有这些症状，家长就好好分析一下原因，及时采取对策吧。

和小伙伴的矛盾不断

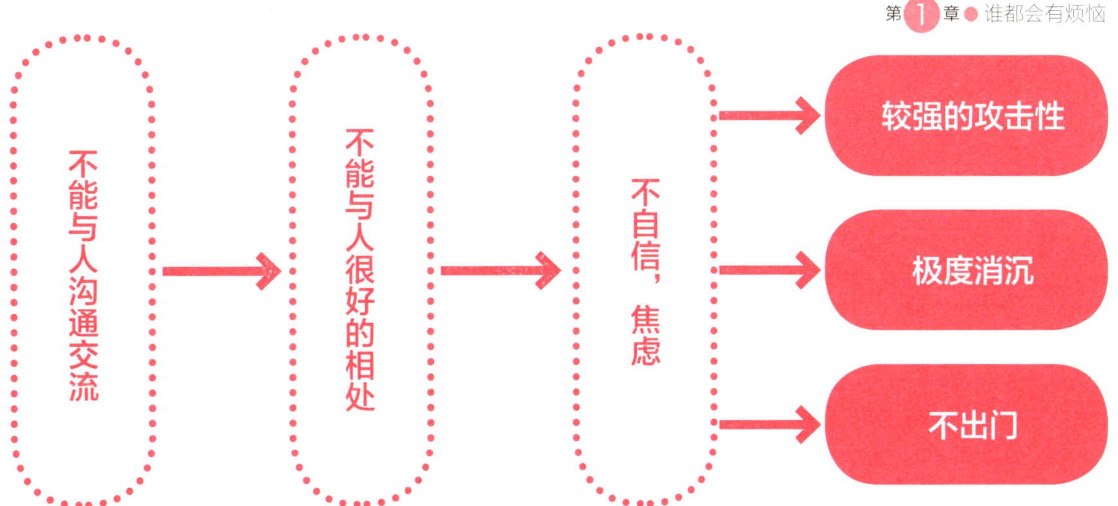

不能接纳他人

不听他人说话，只顾自己不停地说。如果自己的意见得不到认同就会立马发火，具有很强的冲动性。而且，有的还表现为不能遵守集体规则，非常孤立，不能融入集体中。

孩子变得敏感之后，周围的人往往会对孩子进行责骂。但越是这样，孩子就越排斥周围的人。所以，身边的人要尽可能多地关注孩子的优点，多夸奖孩子，多尊重孩子的心情。如果孩子能够体会到他人的感受，就会逐渐减少问题行为，也能与周围人很好地相处了。

沉迷于玩手机或玩游戏

心理问题
- 注意力缺陷多动障碍（P35）
- 阿斯伯格综合征（P35）
- 抑郁症（P38）等

● 限制看电视或玩游戏的时间

孩子的生活规律一旦被破坏，就会变得不愿上学，喜欢闷在家。玩游戏到深夜还会加重疲劳，造成睡眠不足、身体不适。

有观点认为电视、录像视频和游戏等会影响孩子的发育，虽然很有道理，但是与家人朋友一起通过这些活动享受快乐的时光也是很重要的。而且，电视和游戏也是孩子生活中的一部分，要想屏蔽是很困难的。而事实上，如果能很好地把握时间就不会出现问题了。一般认为小学生看电视或玩游戏的标准时间是一天不超过 1 小时。

● 良好的睡眠有助于消除压力

有句俗话说得好“能睡的孩子长得快”，指的就是良好的睡眠能促进生长激素增加。由于生长激素只会在夜间分泌，所以白天好好活动身体，晚上早早休息就会拥有愉快健康的身心。

大脑中还有一种“褪黑素”，它能够促进睡眠。当太阳落山天色变黑的时候，大脑就开始分泌褪黑素了。五羟色胺是褪黑素的来源。五羟色胺在阳光下会发生运动，好好吃饭还能够促进其活性化。如果白天不活动的话，五羟色胺也就不会活动，即使天黑了也不会促进生成褪黑素，所以也就睡不着了。

● 青春期常见的没精力、不关心、不感动

即使原本是个非常认真、爱学习的好孩子，也会因为一点小事就失去学习的动力。所谓“小事”，通常指的是在上课时被老师提醒，迟到等。孩子可能会觉得下一次表现好就可以了，但却逐渐显得没有精力、不关心、不感动，甚至失去将来的梦想。这些孩子的特征是非常认真、规规矩矩、不灵活。他们通常对可以预料到的失败感到恐惧，能够热衷于看电视或者玩游戏，却无法专注于学习。因此，平时营造一种孩子能够表达想法的氛围很重要哦。

不能控制食欲

▶ 心理问题
● 抑郁症（P38） ● 躁郁症（P38）
● 广泛性焦虑症（P40） ● 强迫性障碍（P41）
● 摄食障碍（P48）等

● 吃饭方式奇怪时需要注意

无法控制食欲的疾病又可分为多种类型，而最常见的就是摄食障碍。摄食障碍与拒绝上学一样，都是青春期孩子的常见问题之一，但最近在小学生中也常出现。

如果是因为身体不舒服或者情绪低落而引起暂时的食欲不振则无大碍。但长时间持续该症状就需要注意了。如果客观上孩子的体型体重都达标，孩子却认为自己很胖想要更瘦，或者突然没有食欲的话，家长就需要尽早采取对策了。

● 标准体重参考值

身高（cm）	标准体重（kg）
不到 150	身高 −100
150 ~ 160	50 +（身高 −150）×0.4
160 以上	（身高 −100）×0.9

过度减肥和呕吐是非常危险的

摄食障碍的其中一个特征就是大量进食之后反复呕吐。而且，如果进食量急剧减少，本人也意识不到生病的话会造成营养不良，如果是女孩的话月经还会暂停。

通常减肥会受到一定程度的挫折。但是如果孩子非常在意自己的体重而执著于减肥的话，就有点危险了。这样的孩子不仅害怕体重增加，也不接受食物，甚至精神上出现崩溃，尤其是在发育期出现这样的症状是非常危险的，建议家长们去咨询一下专家。

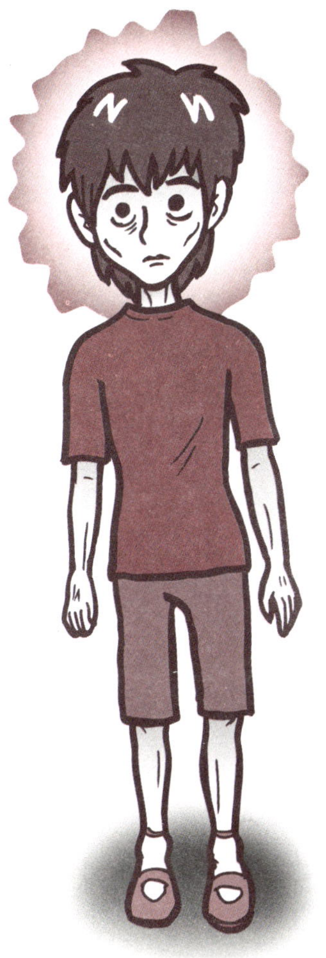

注意这些症状！

- ▲ 食量减少
- ▲ 在意体重
- ▲ 开始减肥
- ▲ 讨厌进食
- ▲ 外观看起来变瘦了
- ▲ 进食之后呕吐
- ▲ 消沉或者烦恼

总是感到身体不舒服

心理问题

- 阿斯伯格综合征（P35）
- 综合失调症（P37）
- 抑郁症（P38）等

● 总是感到疼痛或者恶心

有的孩子虽然身体没有出现异常，但是总说身体不适。也有的孩子会因为不能与人建立良好关系，或因学习上受挫而苦恼等引起身体不适。由于人的身心是紧密相连的，因此身体出现不适的话有可能是心理上出现了问题。比如自律神经不调会引起头疼或偏头痛，压力大的话还会引起肚子疼或恶心等症状。

心理原因

人际关系的烦恼、家庭环境、学习上的烦恼、自我否定等

生理原因

遗传因素、年龄、感受度、性格等

需要注意这些症状哦！

- ▲ 头痛 ▲ 偏头痛 ▲ 身体疼痛
- ▲ 恶心和呕吐 ▲ 便秘和腹泻
- ▲ 头晕 ▲ 低烧和倦怠感
- ▲ 食欲不振

身体状况莫名的恶化

孩子压力过大就会影响睡眠质量，白天会感到困倦，还会出现身体状况不佳、难受等症状，从而变得消沉，无心做事。如此恶性循环下去的话就糟糕了，所以需要周围的大人们多理解孩子，尽早想办法解决。

另外，心理焦虑的孩子还有可能会出现呼吸急促，喉咙和胸口有种好像被勒紧的感觉。有的孩子甚至感到不能呼吸，手脚麻木，头痛和恶心。在这种情况下，爸爸妈妈们可能吓坏了吧？但是不要惊慌，因为一惊慌，还会将这种慌乱“传染”给孩子。要保持冷静，教会孩子慢慢呼吸，并及时送去医院诊治。

出现呼吸困难怎么办？

- ▲ 慢慢吐气，再慢慢吸气
- ▲ 注射抗焦虑药物
- ▲ 减轻压力
- ▲ 解决心理问题

说话方式和听话方式很奇怪

心理问题
- 阿斯伯格综合征（P35）
- 抽动障碍（P49）等

沟通交流不顺畅

语言的发育情况因人而异。如果孩子到了 2 岁左右仍不会说话，建议爸爸妈妈们带孩子去咨询专业医生吧。如果需要使用非语言方式进行交流，可以在孩子 3 岁之前进行观察再选择具体措施。

语言的发育

2 个月	单字发音，如“a–”“u–”等
7~8 个月	喃语，用手指“babu–babu–”等
1 岁半	带含义的单词，如“汪汪”“噗噗”“饭饭”等
2 岁	两个字的话语，如“噗噗（猪叫），有猪”“饭饭，我要”等
2 岁半	多个字的话语，如“好大，噗噗（猪叫），猪来了”等
3~4 岁	词汇量增加，并能说单独的句子

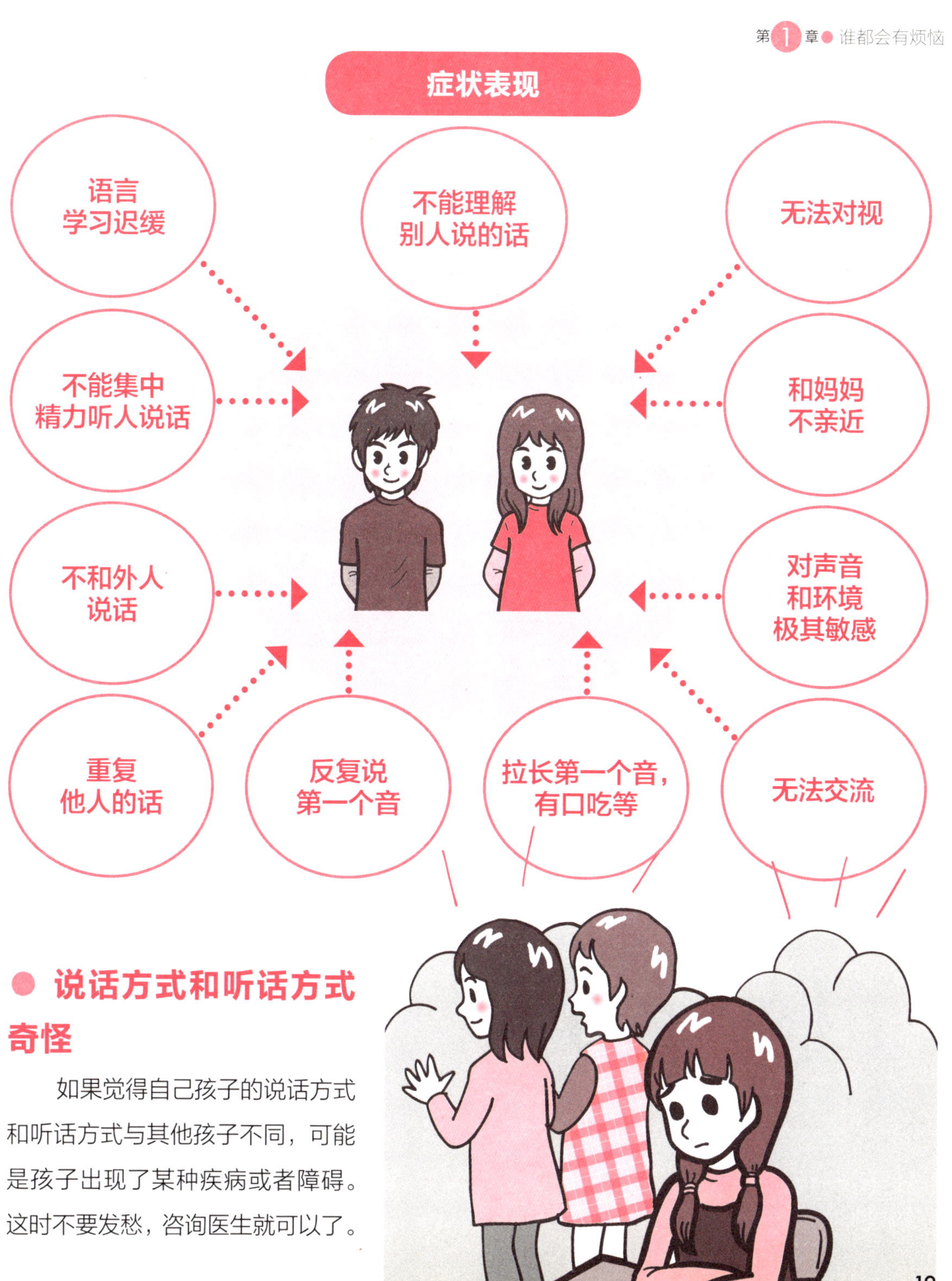

● 说话方式和听话方式奇怪

如果觉得自己孩子的说话方式和听话方式与其他孩子不同，可能是孩子出现了某种疾病或者障碍。这时不要发愁，咨询医生就可以了。

拘泥于特定的事物

心理问题

- 阿斯伯格综合征（P35）
- 综合失调症（P37）
- 强迫性障碍（P41）
- 恐慌障碍（P43）
- 摄食障碍（P48）等

异常执著于固定的事情

如果孩子出现只玩火车玩具，只看同一盘 DVD，或者执著于猜谜等单一的游戏，就容易出现拘泥一种事物甚至不继续就发生恐慌的状态。

有的孩子因为放学回家的路线改变就不去学校了；早上的行动顺序和平时不一样就会恐慌；日程改变的话还会出现生活障碍。也有的孩子小时候只要有常玩耍的玩具或喜爱的玩偶在身边就能变得很老实。他们长大后，这份拘泥就变得更强烈，更执著。这些现象通常都是由于出现了心理问题而导致的。

沉迷于喜欢的事物

这些孩子只执著于自己擅长的事情，完全不理会不感兴趣的事物。而且，一旦陷入空想的世界里，就分不清哪些是现实，哪些是空想了。由于拘泥感很强，所以孩子只要沉迷于游戏和网络就很难解脱出来，有的甚至不愿出门，将自己关在房间里。

另外，由于这些孩子非常讨厌改变，所以无法应对突然的变化。特别是过分遵守制度的孩子，一旦有人改变约定或者不守规则，自己就会浑身不舒服或者陷入恐慌，甚至威胁周围的人。要想缓解这些孩子的心理焦虑，就需要家人的帮助和专家的指导了。

要注意这些症状哦！

- ▲ 不听取他人的意见
- ▲ 只做自己喜欢的事情
- ▲ 常常走相同的路
- ▲ 严守规则
- ▲ 改变约定的话会发怒
- ▲ 日程被改变会恐慌
- ▲ 热衷于玩游戏或发短信
- ▲ 陷入空想世界里

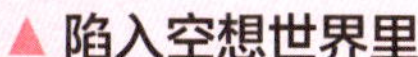

害怕外出而不敢去上学

心理问题

- 注意力缺陷多动障碍（P35）
- 阿斯伯格综合征（P35）
- 学习障碍（P36）
- 综合失调症（P37）
- 广泛性焦虑症（P40）
- 分离焦虑症（P45）等

过于不安而不敢外出

不愿意上学的现象在最近越来越普遍化。有的孩子虽然不存在疾病或者经济上的问题，也不愿意去学校。这其中可能就存在心理问题了。

小孩子和父母分开会感到不安，这是理所当然的。当爸爸妈妈把孩子放到集体中的时候不要生硬地甩开孩子的手，应该慢慢让孩子适应自己独立，逐渐消除孩子的不安。即使这样孩子依然出现强烈的恐惧感，并产生生活障碍的话，就去咨询专家或去专业门诊看看吧。

要注意这些症状哦！

- ▲ 不能与父母分开
- ▲ 一点儿小事也会担忧
- ▲ 神经质
- ▲ 不与家人在一起就无法外出
- ▲ 无法建立朋友关系
- ▲ 不能理解讲课内容
- ▲ 被朋友欺负
- ▲ 妄想症
- ▲ 对家人乱发脾气

不愿意上学的原因分析

学校生活的问题

- ▲ 朋友之间的问题
- ▲ 与老师之间的问题
- ▲ 丧失学习兴趣
- ▲ 不适应俱乐部和社团活动
- ▲ 学校制度的问题
- ▲ 对入学、转学、升年级的不适应

家庭生活的问题

- ▲ 家庭生活环境的突然变化
- ▲ 亲子关系问题
- ▲ 家庭内部不合

当事人的问题

- ▲ 因病缺勤
- ▲ 其他与当事人相关的问题

● 不愿意上学的原因有很多种

根据日本文部省的调查，不愿意上学的原因分为三大类，分别是“学校生活的问题”、“家庭生活的问题”和“当事人的问题”。

最初不愿意上学的原因大多是由于一点儿焦虑、心理上的压力或在学校受欺负，甚至有的是孩子自己也说不清楚的原因。当然，也有可能是孩子与生俱来的性格或缺陷，成长环境，人际关系等各种问题相互交错的结果。

由于不小心而导致一直失败

心理问题
- 注意力缺陷多动障碍（P35）
- 阿斯伯格综合征（P35）
- 学习障碍（P36） ●抑郁症（P38）等

● 经常健忘

这类症状表现为：不擅长同时做多件事情，也不擅长有秩序地完成任务。忘记了刚才所做的事情又开始做新的事情，出门前不知道应该带些什么东西，也不会收拾东西等。有的还表现为很快会忘记不感兴趣的事情，也不能集中精力做应该做的事情，反倒去忙活无足轻重的事。在学校不做笔记的话就会忘记重要事项。不知道什么时候该做什么事，经常健忘。

要注意这些症状哦！

- ▲ 忘记的东西很多
- ▲ 丢三落四
- ▲ 不能集中精力听讲
- ▲ 无法收拾东西
- ▲ 厌恶做作业
- ▲ 有不擅长的学科
- ▲ 不感兴趣就不听讲
- ▲ 不能守时
- ▲ 失败的话就会变得消沉

一担心就马上行动

一些孩子由于经常迟到，在学校被叫做“要特别注意的人物”。这样一来，孩子就出现了消沉和忧郁状态。这些孩子其实都很担心失败和犯错，但还是会将作业忘在家里，经常找不到需要的东西，或者因为太慌乱而受伤。时间长了就会慢慢变得消极，自我评价也会越来越变差。

不能守时

表现为：快到上学或见面的时间也不做准备，到最后关头还在看电视，不能守时。即使到了再不出门就来不及的时候，也还在翻箱倒柜寻找东西，比如“笔袋不见了”“体操服找不到了”等，这些都再常见不过了。有的孩子还表现为不能按时提交作业，经常不能有秩序地完成任务，时常把事情拖后，最后还自责。

不能停止自残行为 ▶ 心理问题

- 综合失调症（P37）
- 广泛性焦虑症（P40）
- 抑郁症（P38）等

● 自残

有心理问题的孩子如果心里感到焦虑就容易出现自残行为。最常见的行为是自伤手腕，即用右手拿着利器割腕，有的还会伤害自己的肩膀、腹部和脚等部位。自伤手腕常发生在青春期的孩子身上。自残行为不需要治疗，但是需要家人帮助孩子消除心理负担和压力，让孩子找到自信和生存价值。

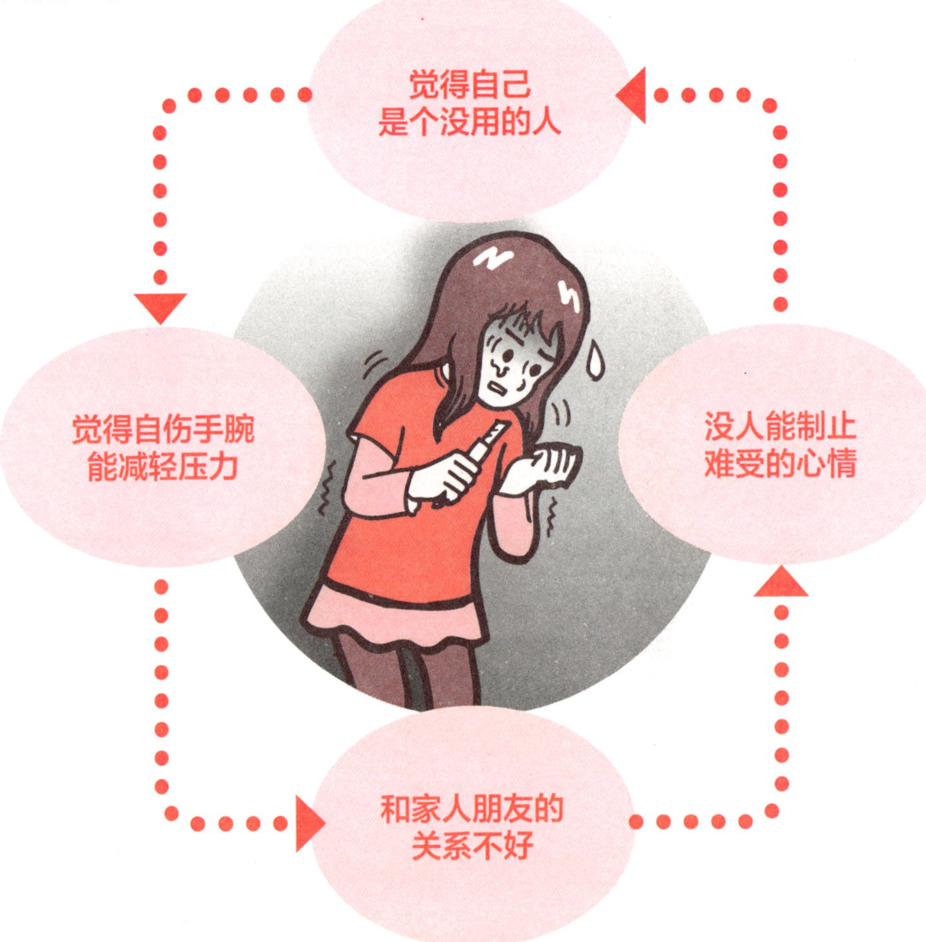

有智力障碍孩子的自残行为

在做出自残行为后会表现出装作对自己身体毫不在意，让自己的注意力转向其他事情。有时爸爸妈妈们如果大声斥责和进行慌乱处理反而会带来相反效果，所以一定要注意。

低龄孩子有智力障碍的话，会用头撞墙壁，用指甲挠抓自己的身体，严重的时候还会掀翻指甲盖儿。这时候如果周围的人试图制止的话，反倒让孩子觉得自己受到了关注而加重自残行为。其实低龄孩子也会存在精神压力，所以家人要为孩子营造一种相对安心的环境哦。

如何制止自残行为？

- 好好处理伤口
- 真诚告诫不要再进行第二次自残
- 理解对方的难受
- 带去专业医生那里就诊
- 尊重孩子的自主性
- 不要纵容，应表现出反对孩子自残的态度，注意与孩子维持良好的关系

不愿意上学的小 A

一到早上身体就不舒服，不想去上学。

哭喊着肚子疼，看来今天又要缺勤了。

和妈妈一起去学校的时候，只能在其他教室里上课。

回到家之后，妈妈问“为什么这么不安啊？”

小 A 说:“我害怕被朋友嘲笑”。

班主任和妈妈一起商量并帮助小 A 消除不安。

心理问题其实就是大脑问题

心理问题其实就是大脑问题。大脑可能会出现一些不适影响了心理和身体。爸爸妈妈们也许会觉得明明没什么异样，还说身体觉得不舒服什么的不太正常。但实际上孩子们每天都很难受，所以爸爸妈妈们应和孩子好好沟通，先分析这种现象的原因再寻找对策。

大脑与心灵相通

● 大脑活动出现了异常会引起心理问题

你是否会认为是心灵在主导认知、情感、意志等精神活动呢？实际上这些都是由大脑在控制的。大脑的活动相当复杂，喜悦和悲伤，愤怒和不安等精神活动也都是由大脑产生的。所以，孩子的问题行为和暴力行为都与大脑活动有关。

不能控制情感的孩子，通常不能克制焦虑或者自卑，他们容易处事冲动，经常与周围的人产生矛盾等。出现这些问题行为的原因就在于操控情感的大脑出现了异常。

当孩子表现出危险的举动时，应先等待孩子冷静下来之后再进行沟通。当孩子没有精神，不愿出门的时候，应活跃其大脑改变他的心情，慢慢诱导孩子纠正错误的行为。

大脑的精神活动

▲ 认知

眼睛、耳朵所获得的记忆和信息判断、推理、喜好等的活动

▲ 情感

不安、恐惧、喜怒哀乐之类的基本情感活动

▲ 意志

意欲、意识和意志等的活动

孩子容易出现的身体症状

▲ 腹痛

▲ 头痛

▲ 发烧

▲ 呕吐

▲ 腹泻等

● 孩子的身心是紧密相连的

其实孩子的身心关系要比大人的更为紧密。孩子的身体一感到不舒服，马上就会影响到心情，然后就会变得消极失落。大人即使发烧或者受伤了，可能会觉得这只是小问题没大碍，然后照样能若无其事地外出。但要是换成孩子，他们只要感到不安或者有压力，马上就会通过各种身体不适表现出来。表现的方式有很多种，但这些不代表是在耍滑头。他们确实是因为身体不舒服，才变得消极起来，并且不想去上学、不想学习。

由于各种压力会引发精神问题，以前的毛病也有可能复发。为此，作为家长可能会自责，认为是自己的原因造成的。在这里我建议家长们不要感情用事，应该掌握正确的知识，并采取客观的对策。

心理问题的原因

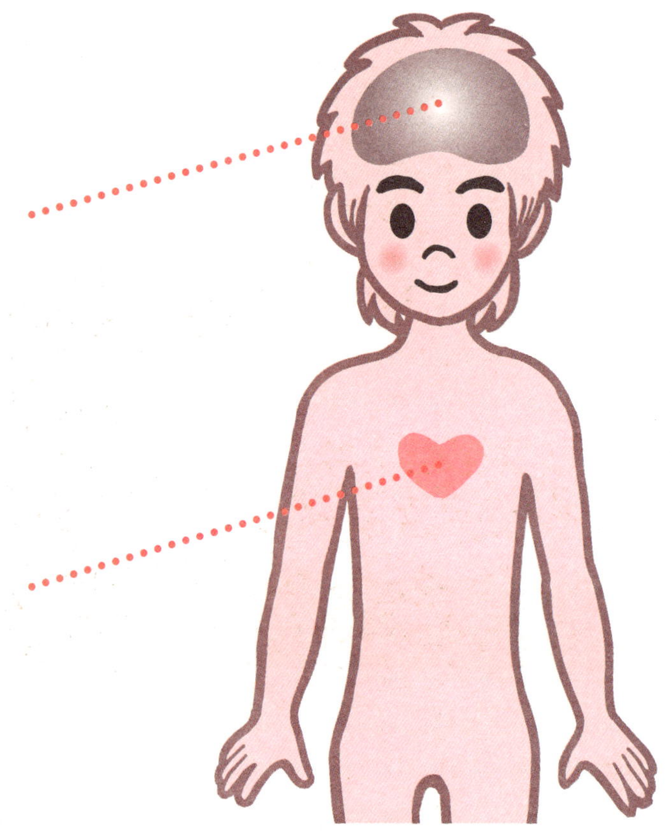

外因

所谓外因，就是由大脑变化、身体的疾病、药物、毒性物质等引起的大脑功能性障碍。外因性精神问题有发育障碍、智力障碍等。

心因

所谓心因指的是心理因素和对心理造成影响的环境因素。比如精神压力、环境等。心因性精神问题有精神病、焦虑障碍、分离性障碍等。

内因

所谓内因就是人的素质方面的原因。素质主要由遗传因子决定，所以内因又与遗传因子相关。内因性精神问题有抑郁症、躁郁症、综合失调症等。

关于心理问题的原因，不同学者有不同的看法。有的分类如上文所述，也有的是根据身体表现情况来分类。比如最近广泛采用的以“症状数量”和“症状的持续时间”作为分类标准。（DSM《精神疾病诊断与统计手册》、ICD 国际疾病分类）

● 出现症状应及时就诊

出现心理问题的原因虽然大致可以分为三类，但实际上原因不会那么简单，经常是多种原因的综合体。比如：环境要素、孩子的性格、亲子关系、间接因素、人际关系、遗留的问题等。

建议先到小儿精神科就诊，让医生根据孩子的症状来判断出现的问题和障碍。

就诊时的主要症状

▲语言能力发育迟缓	▲有强迫症	▲家庭暴力
▲身体发育迟缓	▲不能与人建立良好关系	▲异常行为
▲不能安静	▲有攻击性	▲学习能力迟缓
▲精神亢奋	▲会伤害别人	▲不适应集体
▲冲动	▲情绪变化无常	▲有幻觉和妄想症等
▲长期闷在家里	▲不能集中注意力	
▲长期不去上学	▲出现身体不适（发烧、腹痛、头痛等）	

接受发育障碍的事实，采取相应对策

觉得孩子的状况不对劲

爸爸妈妈们要是觉得孩子的状况不对劲，应准确了解孩子目前的症状，尽早咨询儿科医生。

关于发育障碍有不同的诊断标准，尤其孩子的症状有不稳定性，所以医生很难清楚地判断“就是这种障碍”，而且通常是多种症状并发。发育障碍的主要有ADHD（注意力缺陷多动障碍）、阿斯伯格综合征、LD（学习障碍）、自闭症等（在后面有介绍）。另外，有的还会出现手指不灵活和不擅长运动的发育性协调运动障碍和暂时性精神病状态。而且，医学上判断的基准不是唯一的。大多数有发育障碍的孩子会同时拥有多种障碍特征，所以要根据孩子最显著的症状来做诊断。

发育障碍的原因

- ▲在出生前或者出生后不久出现的大脑发育不正常
- ▲家族遗传
- ▲母亲在怀孕期间吸烟
- ▲吸入父亲的二手烟
- ▲低体重儿或早产、新生儿假死等围产期的异常状态

广泛性发育障碍

所谓广泛性发育障碍，是在国际诊断基准DSM-IV-TR（精神病分类和诊断入门第4版修订版）、世界保健机构制定的ICD-10（疾病以及相关保健问题的国际统计分类第10版）等上使用的定义。

其中包括自闭症、阿斯伯格综合征、特定型广泛性发育障碍、儿童崩解症、雷特氏综合征等。有发育障碍的儿童的智力指数高于80的话，又被称作高机能自闭症。广泛性发育障碍是天生的，是由大脑异常引起，所以家长不用怀疑是教育方面的问题。

关于发育障碍

关于 ADHD（注意力缺陷多动障碍）

ADHD 具有三个特征：注意力涣散、多动性、冲动性。症状一般会持续半年以上，常见于 7 岁之前的孩子。原因目前尚未明确，但是可以确定的是大脑出现了一点微小的机能障碍以及神经系统传输出现了异常。常见为注意力、情感活动、欲求等的自我控制能力低下，给周围的人带来麻烦或者与人发生矛盾。

ADHD 主要症状

- ▲不能集中注意力
- ▲容易走神
- ▲想到什么就说什么或做什么
- ▲兴趣变化无常
- ▲经常健忘
- ▲不能老实待着
- ▲不停地说话
- ▲对感兴趣的东西立马表示出热情
- ▲不听别人说话，话不投机
- ▲有冲动的暴力行为

关于阿斯伯格综合征

表现为“奇怪”“笨”“不识趣”，周边关系处理得不好等。虽然症状多样化，但是这些孩子的共同点是都喜欢独来独往，不会建立人际关系。为了避免孩子长大以后不合群，爸爸妈妈们应在幼儿时期就教给孩子正确的与人相处方式。

阿斯伯格综合征主要症状

- ▲人与人之间社会关系的障碍
- ▲交流障碍
- ▲想象力和创造力的障碍

具体表现

感兴趣的东西和不感兴趣的东西差别很大
只对喜欢的事物集中精力
不擅长与人交流
说话老成
不能很好地表达自己的想法
有冲动行为
五感（听觉、视觉、触觉等）中某些感官很敏感或者很迟钝
不理解多种词汇意思
关在自己的世界里
谈话时倾向于不与对方对视
收集自己喜欢的东西
拘泥性很强，不擅长变换心情

关于发育障碍

● 关于 LD（学习障碍）

虽然 LD 不是广泛的智力障碍，但在读书、写字、算术等特定的学习领域里表现为能力迟缓（迟缓 2 学年以上）。大脑内某个特定领域的活动稍微有点不顺畅或者不平衡，就会对学习和成绩造成影响。

在上小学之前，爸爸妈妈们通常都很难注意到孩子患有 LD。上了小学之后，开始表现为某些特定的科目比如语文、算术等主要科目的成绩不佳。原因有很多种，其中就包括遗传因素。比如识字障碍，在有血缘关系的家族中也可能发现具有相同障碍的人。但这并不代表学习障碍可以全部归责于遗传。

啊～完全不懂

LD 的症状

- ▲不能识别特定的文字和文章
- ▲即使能识别也不能理解意思
- ▲可以说话，但是书写不畅
- ▲文章很差
- ▲不能进行简单的计算
- ▲外语也和母语一样有障碍

● 关于自闭症

有自闭症的孩子天生就与人有交流障碍。很少与人来往，也不能理解别人的心情，不关心当时的情况，寡言少语，自言自语等。他们的拘泥性很强，对物体的兴趣比对人的兴趣大。自闭症的原因也和其他的发育障碍一样，都是由于大脑机能系统发生故障而引起的。

自闭症的症状

- ▲社交障碍
- ▲沟通障碍
- ▲活动和兴趣极端拘泥

*如果孩子以上 3 项都非常明显的话可能就属于自闭障碍（自闭症），最后一项不明显的话就可能是阿斯伯格综合征。当然除此之外还有很多种症状，因为每个人的情况都不一样，还需要具体问题具体分析。

关于心理问题

● 关于综合失调症

青春期最常见的心理问题就是综合失调症。引起该症状的原因有多巴胺分泌过剩、遗传因素、大脑其他神经传达物质的代谢障碍、外伤、精神压力等，但是目前尚未明确具体原因。

综合失调症的主要症状

显性症状

▲幻觉：看到不存在的东西

▲幻听：听到不存在的声音

▲妄想焦虑：说反常的话

▲异常兴奋：无端兴奋

▲怪异的行为：自己嗤笑，自言自语

▲语无伦次：不明白在说什么

隐性症状

▲闷在家里：不去上学，躲在房间里

▲没有干劲：不在乎仪容整洁

▲注意力涣散：无法集中精力学习

▲缺乏情感：面无表情

▲缺乏思考：毫无说话内容

症状的发展

初期：情绪低落，闭门不出，沉默寡言，无法集中注意力，头痛，恶心等

急性期：出现幻听，幻觉，妄想，整个人举止怪异

慢性期：阳性症状消失，阴性症状显现，没有意欲和干劲

晚期：几乎毫无情感，无法交流，沉陷在自己的世界里

主要治疗方法

药物治疗法 → 抗精神病药物等

精神疗法 → 心理问题咨询，家庭疗法等

关于心理问题

● 关于抑郁症

情绪低落的时间不是 2~3 天或 1 周，而是持续数周或数月，给日常生活造成严重的影响。特征表现为：一旦感受到压力或者悲伤，情绪就会非常低落、悲观、焦虑，学习工作能力下降，思绪凌乱，甚至对将来失去信心。另外，有的抑郁症孩子也会有睡眠障碍，在夜里难以入睡而早上起得过早，并且会自卑地认为自己是个没用的人。

抑郁症的主要症状

- ▲受到打击则极度失落
- ▲心情忧郁
- ▲对任何事物都没有信心
- ▲有很强的不安感
- ▲没有精力
- ▲对任何事物都没有兴致
- ▲不会感到开心、快乐
- ▲注意力涣散
- ▲容易疲惫
- ▲睡眠很浅，早上起得很早
- ▲感到头痛和肩膀痛
- ▲出现食欲不振、便秘、体重减退等

症状的发展

严重的情绪低落持续数个月

↓

整个上午都窝在被子里不起床

↓

觉得自己是个多余的人

↓

学习和工作能力急速下降

抑郁症的主要治疗方法

药物疗法→
抗忧郁药、抗不安药、催眠药等

精神疗法→
心理咨询、家庭疗法、认知行为疗法（P73）等

● 关于躁郁症

躁郁症是忧郁状态和精神亢奋状态的结合。忧郁和亢奋的时间间隔因人而异。忧郁状态与抑郁症的症状相同，而亢奋状态表现为心情很好，自信过头，思绪凌乱，旁人听不明白他在说什么。该疾病常常被误认为是抑郁症。建议家长在孩子亢奋的时候进行治疗比较好，可根据医生的指示服用抗躁药、情绪调整药等。

亢奋状态的症状

- ▲情绪高涨
- ▲过于自信
- ▲异常乐观，觉得任何事情都能胜任
- ▲不停地说话
- ▲不停地活动，不睡觉
- ▲对他人有攻击性

关于心理问题

适应障碍的主要症状

▲情绪低落

▲没有食欲

▲抑郁

▲有强烈的不安感

●关于适应障碍

症状表现为在家庭或学校等感到巨大的压力，情感和行为混乱，无法适应社会生活。在其背后的众多原因之中，最常见的是孩子遭遇了父母离异，兄弟姐妹的诞生，生活环境的变化，疾病和伤害，朋友间的矛盾，欺凌，转学，被父母虐待等。到了青春期，失恋也可能是原因之一。虽然这些孩子也有可能出现闷在家里或不去上学的情况，但是并不是抑郁症。

主要的治疗方法

药物疗法→
抗忧郁药、抗不安药等

精神疗法→
心理咨询、家庭疗法等

症状的发展

有压力
↓
3个月以内发病
↓
6个月以内进行治疗
如果不能治愈，
还有可能引发其他病症

关于心理问题

症状的发展

因焦虑而难受
↓
自律神经不稳定
↓
心悸、气急
肩膀酸痛、头痛
头晕、恶心等
反复尿频、腹泻等
心情不好
难以入睡

主要的治疗方法

药物疗法 → 抗不安药

精神疗法 →心理咨询、家庭疗法等

广泛性焦虑症的主要症状

- ▲隐隐有恐惧感
- ▲任何事情都战战兢兢
- ▲不能老实坐着
- ▲总是无法冷静
- ▲因焦虑感而不能集中注意力
- ▲急躁
- ▲容易疲惫

● 关于广泛性焦虑症

焦虑障碍的疾病可以分为好几种，其中广泛性焦虑症表现为：孩子有很强的莫名不安感以及对未来充满担忧。同时身体也持续出现不安症状，比如紧张、急躁、不冷静等。病因目前尚未明确，但可以知道的是，患有神经质或生性敏感、胆小的孩子常会因为某种压力而发病。

焦虑障碍的分类

- ▲广泛性焦虑症
- ▲强迫性障碍
- ▲社交焦虑障碍
- ▲恐慌障碍
- ▲外因精神伤害、压力性障碍等

关于心理问题

● 关于强迫性障碍

与本人意愿相反，被心中的某种想法所控制，感到莫名的痛苦，无法停止自己都觉得很傻的行为。

强迫性障碍的主要症状

▲多次确认是否已经锁门

▲多次洗手

▲要是衣服被针划破，就会多次确认

▲睡觉前如不进行
特定的活动则无法入睡

▲无法忍受某种行为，
做事不按照一定的顺序进行

症状的发展

低龄儿童经常会多次洗手，
多次确认是否有虫子等
↓
到了青春期就变成洁癖，
甚至出现 ADHD（注意力缺陷多动障碍）、
自闭症、抑郁症、
神经性无食欲症、拔毛症、
恐慌障碍等的并发症

主要的治疗方法

药物疗法 → 抗不安药等
认知行为疗法（参照 P73）

关于心理问题

● 关于社交焦虑障碍

又叫做社会恐惧。表现为害羞，不敢在人前说话、办事，害怕失败，担心自己被他人评价等。这些不安都会通过身体状况表现出来。当不得不与人交往的时候则会感到强烈的不安和痛苦。

社交焦虑障碍的主要症状

▲不好意思在人前办事
▲害怕失败
▲害怕被他人评价
▲与陌生人见面会脸红
▲与他人说话就大量出汗

主要的治疗方法

药物疗法 →
抗忧郁药、
抗不安药等

精神疗法 →
心理咨询、行为疗法、
心理疗法等

症状的发展

与他人说话就会脸红或大量出汗
↓
从与他人见面的前几天开始就一直烦恼
↓
与陌生人在一起就会发抖或者恶心想吐
↓
逃避与人接触

关于心理问题

● 关于恐慌障碍

有恐慌障碍的孩子即使没有特别的对象也会突然陷入不安，还会引发多种身体症状。身体症状的发作非常突然，并且可能会持续数分钟至数个小时。这种障碍又被称作“恐慌发作”“焦虑发作”。

强烈的焦虑表现为：心悸、气急、胸痛、呼吸困难、过度呼吸、发汗、头晕、尿频等。有的甚至会感到快死一样的难受，爸爸妈妈们需要采取适当的解决办法。

另外，病情反复发作的话，对孩子来说也是一种极大的负担，孩子会担心再次复发。所以，就需要周围的人尽早发现以及针对发作状况进行治疗。

恐慌障碍的主要症状

- ▲出汗
- ▲呼吸困难
- ▲反复腹泻和便秘
- ▲头晕
- ▲血压上升或下降
- ▲病情发作
- ▲尿频
- ▲腹痛
- ▲心跳加快

症状的发展

最初会感受到各种身体症状

↓

由于有强烈的不安觉得“快要死了”而异常恐慌

害怕病情发作，不敢乘坐电车，不敢外出

↓

对广场有恐惧感（不敢出家门）

拒绝上学

主要的治疗方法

药物疗法→

抗忧郁药、抗不安药等

精神疗法→

心理咨询、行为疗法、心理疗法等

关于心理问题

创伤后心理压力紧张综合征的主要症状

- ▲出现精神错乱
- ▲出现忧郁症状
- ▲做噩梦或白日梦
- ▲持续亢奋状态
- ▲难以入睡
- ▲头痛、腹痛
- ▲不开心
- ▲出现恐慌
- ▲想起恐怖事件（在脑中闪现）
- ▲开始玩类似强烈体验的游戏

症状的发展

大脑闪现某些事物

↓

陷入强烈的恐惧

↓

变得有攻击性，

或表现出亢奋或忧郁

↓

缺乏情感

（孩子会产生分离

焦虑和发育退步）

主要的治疗方法

精神疗法 →

行为疗法、

心理咨询、

确保安全的环境等

● 关于创伤后心理压力紧张综合征

孩子在进行强烈的恐怖体验和刺激体验之后，身体出现各种症状，又叫做 PTSD(创伤后心理压力紧张综合征)。

该病症的特征是在经历了强烈的体验后，每间隔一段时间就出现急性压力反应之类的症状。比如在经历了大地震、大事故、罪犯伤害、亲近的人的死亡等强烈的伤害和恐惧后,孩子的心里一直抹不去那些阴影。这时候，爸爸妈妈们就需要考虑给孩子做心理治疗了。

关于心理问题

关于分离焦虑障碍

如果孩子非常抗拒与依恋的人分开，而且这种焦虑成为生活的障碍的话，就是患有分离焦虑障碍了。

一般的孩子即使与依恋的人分开，也能在短时间内慢慢适应，并且焦虑和不安也能逐渐消失。但是，患有分离焦虑障碍的孩子则会有严重的长时间的、与年龄无关的症状。

症状的发展

去幼儿园、托儿所、学校的时候大声哭泣。

↓

与依恋的人一刻也不能分开。

↓

不能独自一人睡觉。

↓

对外出感到恐惧。

↓

拒绝上学。

主要的治疗方法

药物疗法 →
抗不安药等

精神疗法 →
认知行为疗法、家庭疗法等

分离焦虑障碍的主要症状

- ▲ 一旦与依恋的人分开就感到异常痛苦
- ▲ 过分担心自己迷路或者被拐骗
- ▲ 拒绝去学校等
- ▲ 依恋的人不在身边就睡不着
- ▲ 与依恋的人分开就会做噩梦
- ▲ 感到头痛、腹痛、恶心想吐等

关于心理问题

人格障碍的种类和主要症状

● **境界性人格障碍 →**

情感起伏大，
行为冲动，
不能控制情感，
与人关系不稳定

● **回避型人格障碍 →**

异常容易受伤，
焦虑紧张，强烈的自卑感，
不合群，容易出现不去上学
或者闷在家里的现象

● **表演型人格障碍 →**

吸引众人目光，
以自我为中心

● **自恋型人格障碍 →**

坚信自己是
很特别、很优秀的人

● **反社会型人格障碍 →**

孩子从小就出现行为障碍，
即使严重犯罪也没有犯罪的意识

● 关于人格障碍

表现为有极端的性格倾向，不能建立良好的人际关系，行为异常。从儿童时期到青春期有很多类似“分裂样人格障碍”“回避型人格障碍”的症状。因为这些症状有着复杂的联系，所以需要到18岁以上才能明确诊断。

主要的治疗方法

药物疗法 →
抗癫痫药、
抗不安药、抗忧郁药等

精神疗法 →
行为疗法、团体疗法、
心理咨询、家庭疗法等

关于心理问题

行为障碍的主要症状

- ▲ 总是大吵大闹
- ▲ 对他人施加暴力
- ▲ 放火
- ▲ 逃学
- ▲ 盗窃商品
- ▲ 离家出走
- ▲ 虐待动物
- ▲ 伤害他人
- ▲ 吸烟、喝酒
- ▲ 乱用药物

● 关于行为障碍

表现为反复出现问题行为，具有攻击性，不遵守社会规则，侵犯他人权利。症状有轻有重，而且病情多样化。此外，孩子还同时患有精神障碍和精神疾患的情况也较为多见。也有可能出现注意力缺陷多动障碍、学习障碍、外因精神伤害、压力性障碍、抑郁症、焦虑障碍等。这些孩子还有自卑的特点。

症状的发展

10 岁之前发病 →小儿期发病型

常伴随有注意力缺陷多动障碍症状，具有攻击性，常见于男孩

↓

青年时期发病 → 青春期发病型

没有攻击性，常见于女孩

↓

成年后症状仍然持续的话还会演变成反社会型人格障碍

主要的治疗方法

药物疗法 → 主要服用对抗并发症的药物

精神疗法 → 行为疗法、心理咨询、家庭疗法、环境调整、行为矫正法等

关于心理问题

关于摄食障碍

摄食障碍是由于精神问题而导致的食欲异常。严重的食欲不振还会引起两种病症，一种是会让身体消瘦的“厌食症”，还有一种大量进食后又反复呕吐的“暴食症”。

学龄期的孩子出现摄食障碍的情况增多，且几乎都是发生在女孩身上，也有少数男孩。大多数女孩都是因为想减肥而拼命追求变瘦和减轻体重，她们因害怕长胖而不接受食物。

摄食障碍的主要症状

▲ 过分减肥

▲ 执著于减轻体重

▲ 一心想着变瘦

▲ 不接受食物

▲ 月经暂停

▲ 拒绝上学、闭门不出

▲ 出现忧郁状态

主要的治疗方法

药物疗法 →精神药物等

精神疗法 →认知行为疗法、家庭疗法、心理咨询等

摄食障碍的诊断标准

日本厚生劳动省的研究小组列出的诊断标准如下所示：

（6 项全部符合则被视为确诊例，有一项不符合则被视为疑诊例）

▲ 消瘦部分为标准体重的 20% 以上，并持续 3 个月以上。

▲ 饮食行为异常，暴饮暴食、不进食、过度运动、食用泻药、呕吐。

▲ 对体重和体型认识有误，对自身形象认识扭曲。

▲ 30 岁以下发病，多见于青春期女孩，男性病例很少。

▲ 月经暂停，由于体重减轻，心理压力增大，导致月经暂停的现象。一般情况下只要恢复体重，月经也能恢复正常，也不用担心留下后遗症。

▲ 其他原因

以上变化的前提是变瘦的原因中不存在其他器质性疾病。比如癌症晚期的消瘦、抑郁症引起的无食欲、由于受到重大打击而出现的暂时性食欲不振等，诊断的时候应注意与这些疾病区别开。

关于心理问题

抽动障碍的主要症状

运动性抽动 →

▲ 常见于面部、脖子、肩部、上半身等

▲ 也会出现在下半身或者全身

▲ 频繁眨眼

▲ 歪嘴

▲ 抽动鼻子

▲ 脖子和肩膀向着一定方向扭转

▲ 肩膀朝上抽搐

▲ 肩膀画圈似的转动

▲ 摆手

▲ 弯腰扭身等

声音抽动 →

▲ 假咳嗽

▲ 撒娇作态

▲ 发出咻咻的嗅物体似的声音

▲ 简单的声音（啊，卟卟，哈等）

▲ 反复发出复杂的长音

抽动障碍 →

▲ 同时患有运动抽动和声音抽动

▲ 反复说肮脏下流的语言等

关于抽动障碍

表现为身体的某一部位突然抽动，嘴里不断发出声音。孩子的这些举动并不是有意识发生的，但是孩子一旦感到有压力、不安或兴奋的时候，症状就会恶化。反之，身心轻松的话症状就会减少，在睡觉的时候就会完全消失。

抽动障碍的种类

▲ 暂时性抽动

1 年以内症状能够稳定下来

▲ 慢性抽动

运动性抽动和声音抽动中任意一种症状持续 1 年以上

▲ 抽动障碍

运动性抽动和声音抽动两种症状严重化且都持续 1 年以上

常伴随有注意力缺陷多动障碍和强迫性障碍

主要的治疗方法

药物疗法 →

抗精神病药物等

精神疗法 →

心理咨询、环境调整、行为疗法、游戏疗法等

一直恶心想吐的小 B

对自己胖胖的体型发愁。

看书研究如何减肥。

过分减少食量，严格实行减肥计划！

虽然变瘦了，但是还想更瘦！

爸爸妈妈都很担心，但是小 B 还想要更瘦。现在一吃就吐。

为了恢复正常健康的身体，爸爸妈妈带小 B 去咨询了医生。

第3章

通过咨询就诊来解决问题

孩子的心理问题和发育障碍需要结合孩子的成长状况来寻找适当的解决办法。爸爸妈妈们不要独自烦恼，应通过咨询身边的人或者专业机构来解决问题，培养孩子适应社会能力吧。

孩子的成长阶段中会存在烦恼

出现问题就一起帮忙解决

孩子的身心都还处在发育阶段，所以为了孩子自身能力的发展，当孩子出现烦恼的时候，家人不要失落，应该助其一臂之力。

孩子的心灵成长

幼儿期的表现：

开始了集体生活，也开始结交朋友建立人际关系。孩子逐渐在意别人的目光，想着在集体中自己会被他人怎么评价。

患有发育障碍的话，孩子的言行举止会逐渐出现问题。比如压力过大就容易出现心理问题和身体不适的症状。

学童期的表现：

孩子在建立朋友关系的时候，很在意别人怎么看待自己和评价自己。

孩子难以融入集体生活，出现了发育障碍。心理波动较大，出现身体症状和问题行为。有的孩子还会出现摄食障碍、焦虑障碍、综合失调症等。

青春期的表现：

孩子开始思考人为何而活，自己到底是谁，想要找到社会中的自我定位。

一遇到烦恼和矛盾就非常消极，反复失败就感到自卑，不愿意出门。

要想帮助孩子战胜失败和困难，关键是家人和周围的人要给予支持和帮助！

● 压力会引发多种疾病

孩子的压力过大会给身心带来多种疾病。就像前面所介绍的一样，压力可能成为心理问题的病因之一。

抑郁症和焦虑障碍等都与压力有一定的关系。压力一大抵抗力就降低，也就容易生病了。即使是成年人，如果压力大的话，也容易患有常见病、心绞痛、心肌梗死、肝脏病、糖尿病等。但是这不是说只有压力才会引起抑郁症和发育障碍。压力只是病因中的一种，此外还有性格因素、周围环境因素、遗传因素等。

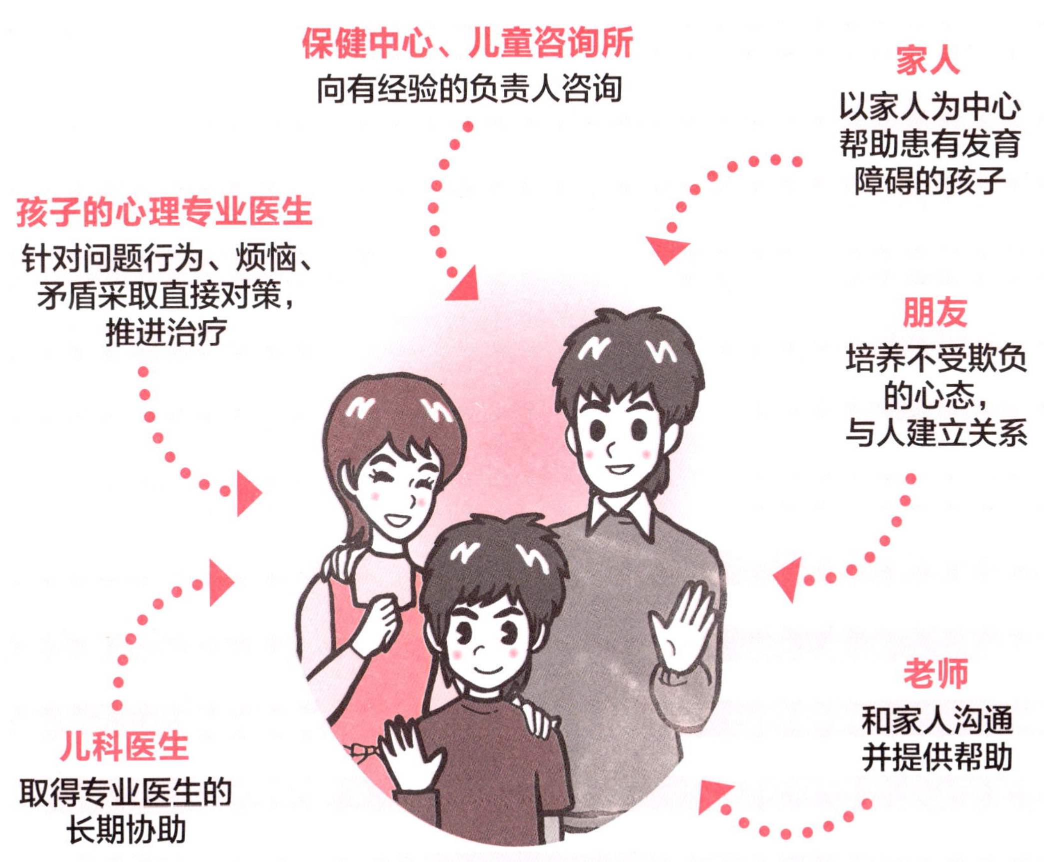

孩子常见的烦恼有哪些

怎么会这样？

● 有心理问题不愿上学的孩子越来越多

因精神和心理问题变得不愿上学或闷在家里的孩子越来越多。任何一所学校都会存在几个这样的学生，这已成为普遍现象。不去学校的理由大致分为三种。

不去学校的理由

1

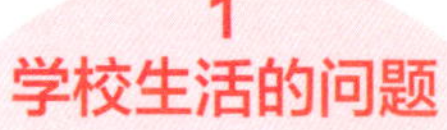

2

家庭生活的问题

3

本人的问题

● 孩子烦恼的原因有多种

实际上，请假不去上学的原因是很多的，如学校生活的问题、成长环境、现在的家庭环境、孩子的性格和障碍、朋友之间的关系等。而且，就连孩子自己也不明白为什么就变得不愿意上学了。

孩子常见的烦恼

不能理解功课

与老师关系不好

不能与朋友好好相处

被欺负

出现精神问题

成长环境出现问题

恶言相对

不能进行集体活动

不能保持安静

父母未必能解决所有问题

应该如何帮助

一旦孩子出现发育障碍或者心理问题，想必爸爸妈妈都会感到很苦恼吧。其实要想给孩子一个安心的成长环境，不仅需要父母的努力，还需要周围人的协助。毕竟原因不仅仅局限在教育方式和家庭环境中。保持冷静积极应对才是关键！

情绪变化无常的孩子是不能自己控制脾气、撒娇等行为的，而且如果不能与父母形成良好的信赖关系，还容易出现人际关系问题。当不断出现问题行为和暴力行为的时候，家长就需要咨询专家采取对策了。另外，来自爸爸妈妈的关心也是很重要的，如果不能从这些方面加以努力，孩子的情况就会变得很危险。

接纳孩子，夸奖孩子

如果孩子一失败就遭到斥责，即使是没有心理问题的孩子也会感到失落和自卑。所以，爸爸妈妈要能理解孩子的失败和困难，接纳孩子本身，对孩子加以肯定和表扬才能提高孩子的自信！

对自我否定感说不！

觉得反正
都不行
就放弃了

不遗漏
夸奖孩子的机会

自我评价
很低

肯定和表扬
孩子的成功，
培养孩子的
自尊心

一受到
提醒就
恼羞成怒

坦然
接受失败

被批评之后
极度消沉

认可孩子的
努力，
增长孩子的
干劲

孩子的烦恼和缺陷存在男女差别

男孩常见的烦恼

因心理问题去就诊的孩子中，男孩要多于女孩。原因就是阿斯伯格综合征和注意力缺陷多动障碍多发生在男孩身上。

人类的大脑特征存在男女的区别。如果感受到压力和烦恼，男孩更倾向于表现出来，所以容易发展成问题行为，如反抗态度，恶言、暴力倾向等。

男孩常见的烦恼

- ▲ 注意力缺陷多动障碍
- ▲ 阿斯伯格综合征
- ▲ 自闭症
- ▲ 行为障碍
- ▲ 抽动障碍等

女孩常见的烦恼

▲ 摄食障碍

▲ 解离性障碍

▲ 抑郁症等

● 女孩常见的烦恼

在就诊孩子中，虽然男孩占多数，但最近患有注意力缺陷多动障碍的女孩也逐渐增多。在此之前通常认为男孩出现冲动行为和多动性等症状的人数会更多，现在在女孩中出现健忘、不能收拾东西、不能守约等症状也越来越多。而且，女孩在表现压力的时候更倾向于向外宣泄。比如，出现绝食、暴饮暴食、自伤行为等。

为什么会觉得自己的孩子与一般孩子不同

● 难以区别性格问题与缺陷问题

有的父母即使对孩子的问题行为和身体症状感到不安，也不认为孩子出现了疾病或缺陷。还有时候即使就诊也没法确诊，或者诊断的结果和父母所预想的不一样，又或者难以区分疾病和缺陷。

孩子的心理状况是会经常变化的。当出现问题行为和缺陷时，需要和大人一起思考解决困难的办法。合理的对策、环境的调整等都能促进孩子的正常发育。建议家长应尽早咨询专业医生，依照医生的指导采用药物疗法、精神疗法等缓解孩子的症状。

是性格问题？
还是缺陷问题？

- 任性
- 暴躁
- 保守
- 害羞
- 洁癖
- 忧虑
- 恶言恶行
- 粗心
- 不能保持安静
- 无法集中精力等

● 常伴随着缺陷障碍

孩子同时患有发育障碍和心理问题的情况比较多。在生活中，由于还会受到家庭问题等其他因素的影响，孩子的情绪也会变得复杂化。在孩子的发育障碍中也常见到注意力缺陷多动障碍、阿斯伯格综合征、学习障碍等综合症状，也可能出现发育障碍的并发症，如抑郁症、躁郁症、分离性障碍、行为障碍、焦虑障碍、睡眠障碍、综合失调症等。

孩子的情绪不稳定的话，与他人的关系也会变得不稳定。有的孩子会突然心情变好或者变差，情绪起伏很大。通常这些孩子会患有某些病症，而且不能自己调节喜怒哀乐。

要留意这些身体症状！

- ▲倦怠感
- ▲头痛
- ▲腹痛
- ▲低烧
- ▲头晕
- ▲腹泻
- ▲便秘
- ▲恶心
- ▲呕吐
- ▲站立眩晕
- ▲耳鸣
- ▲食欲不振
- ▲身体疼痛等

与身边的人商量

● 心理问题

表现为：无法冷静，行为冲动，极度消沉，不能与人建立关系，不能与周围的人好好相处，有情绪上的问题，感到活着很难受等。这些症状通常会被认为与孩子的发育障碍有关。

● 发育障碍

在孩子大脑的发育阶段，如果出现某些发育障碍或者受到遗传因素的影响，大脑就会出现轻微的发育不平衡，最终导致大脑活动出现异常，给日常生活带来各种麻烦和阻碍。

● 首先应和身边的人商量

我认为，如果孩子有心理问题的话，妈妈的压力是最大的。虽然家庭的协助很重要，但是爸爸整天忙于工作，祖辈有的也不在身边，因此很多妈妈就会认为孩子出现问题的原因在自己身上，是自己的教育方式出了问题，然后决心必须做点什么，最后导致母子间变成过分亲密的依存关系。为了不让妈妈独自承担这份压力，家人之间应当建立相互帮助的关系，经常沟通，相互理解，互相传达心情和想法，此外咨询专业机构也很重要。

有很多可以咨询孩子烦恼的机构，请参照（P66、P67）

● 不要独自一人奋斗

家庭的意见能够统一的话，孩子的心灵也会得到安定。除了家庭以外还有其他支援方式，所以家长们不要独自烦恼，应该多与他人商量哦。

利用短信或者网络与有相同烦恼的人进行交流。

参加同样存在问题孩子的家长集会，
互相交流信息，通过交流能让家长们的心情变好哦！

孩子拒绝上学，喜欢闷在家怎么办

● 拒绝上学，喜欢闷在家都是有预兆的

在过去，不去上学也叫做罢课。表现为：抗拒上学，持续缺勤，在家里也出现不安，情绪低落，急躁，抑郁，有自杀倾向，易怒等极端心理和表现。有的还表现为自闭闷居。

小学生拒绝上学的情况相对较少，而从中学生开始增加，到高中生则达到高峰期。

其中，有的孩子则是因为被欺凌或戏弄而不愿意去学校。有的是因为担心在众多同学面前出丑或是被某人攻击，害怕因没有完成课业任务而受挫等。这些恐惧感就变成了拒绝上学的原因。

不管是何种原因，最重要的都是家人和周围的人要能够理解孩子的内心矛盾。在这种问题发展成长期化之前，向专家咨询对策也不失为一个好方法。

拒绝上学，喜欢闷在家的初期表现

到了上学的时间就出现肚子疼、头疼等身体状况

▼

请假不去上学后，身体不适的状况到了下午才好转

▼

到了第二天早上，身体不适症状再次出现，又继续缺勤

▼

去医院检查的结果是轻微感冒

▼

家人会责备孩子“太懒”“没出息”或者庇护说“只是心情不好”

▼

症状不见好转，常常请假

拒绝上学，喜欢闷在家的中期表现

早上不愿起床

▼

又哭又闹地反抗

▼

虽然想上学，但是自身又觉得不能去

▼

有罪恶感、自卑感

▼

对父母、周围人的言语和态度很敏感

▼

出现类似强迫性障碍的症状（参照 P41）

拒绝上学，喜欢闷在家的慢性期表现

持续多日不愿意上学

▼

生活规律凌乱，昼夜颠倒

▼

不仅是学校，就连出门也不愿意

▼

对父母也暴力相对

▼

关在自己的房间里

▼

发展到与社会隔绝

最好的方式就是去咨询专业机构

根据成长状况选择适当的治疗方法

有很多专门针对孩子疾病和心理问题的专业机构。不同地方的具体事务操作也不一样，所以先了解清楚再去咨询比较好。选择最佳的治疗方法来改善症状吧！

儿童心理诊疗科

所谓儿童心理诊疗科，就是儿童精神科和心理门诊等专门针对儿童心理发育和行为异常进行诊察和治疗的门诊。精神科是专门诊察心理问题的地方，即使出现身体状况但非身体疾病的时候也可以在那里接受诊察。

如果孩子的问题比较多，建议带孩子到专业机构诊察或者到有丰富的儿童诊察经验的医生处就诊。

学校（幼儿园、托儿所）

争求老师的建议和帮助，选择适合孩子状况的对策，研究容易适应学校生活的方法。

儿童咨询所

指的是专门针对解决未满 18 岁孩子的问题，地方的保健中心、教育机关等联合创立的机构。里面有儿童心理医生、医师、保育员等专业育儿或心理问题处理人员。必要的时候推荐去儿童精神科、小儿神经科、心理门诊等。

保健中心、母子保健中心

受理婴幼儿健康诊察、育儿咨询。开办亲子教室，提供育儿支援的机构。

● 发育障碍支援中心

可以接受来自患有自闭症、注意力缺陷多动障碍等发育障碍孩子的家庭咨询，另外还提供治疗、教育、就业等支援，负责与相关机构进行联络和调整。

● 教育咨询所、教育中心

设立教育咨询室、临床心理医生、顾问等，以受理心理咨询等。日本设有很多这样的县级以下机构。

● 治疗教育中心

专门面向有身心障碍的孩子的机构。可以进行诊察和咨询。

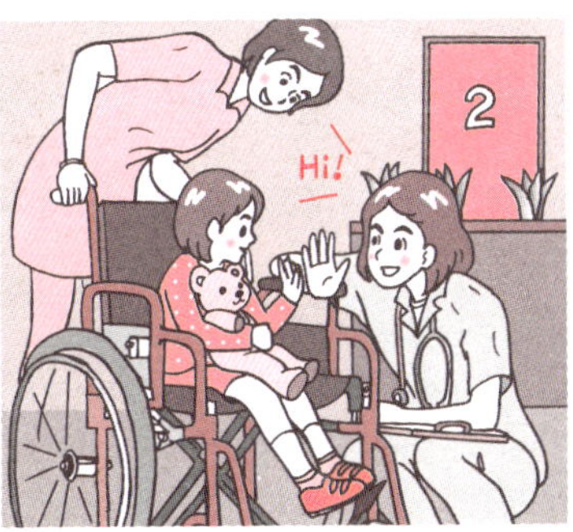

● 精神保健中心

有专业人员帮忙解答各种心理问题，并告知精神障碍相关的福利等。

● 小儿科

诊察孩子的整体病症。身体症状严重的时候，到小儿科就诊是优先选择。

● 心理专业医生（精神科、儿童精神科、小儿神经科等）

专业解决心理问题。孩子的身体症状常常伴随着心理问题。家长都可以进行咨询，和医生一起商量关于精神治疗的方式，采取专业对策。

寻找适合孩子的对策

了解孩子的状况
和特性

**生病或者有缺陷的
时候怎么办**

向专业医生、
保健所、儿童咨询所
等进行咨询

**原来如此，
原来我家宝贝出现的
是这种障碍**

选择适合
年龄和特性的
治疗法

正在逐渐恢复正常吧

思考是否还有
其他更好的对策，
以及现在的对策
是否适合孩子

宝贝的状况逐渐变好了

● 对策也是因人而异的

很多人虽然知道孩子出现了问题行为或者身体症状，但是并不知道应该如何改善。仅仅是家庭内部讨论对策的话，能力是非常有限的。

爸爸妈妈们不知该怎么办的时候，不妨咨询儿科或者学校、附近的专业机构。得到专业的建议，才会找到适合孩子的对策。

● 诊断和治疗需要花费一定的时间

其实就算咨询专业医生或者专业机构，也不一定能马上确诊和确定治疗方法。我也能理解做家长的肯定都希望孩子的症状能尽快得到改善和解决，但是家长也应保持冷静，按照医生的指示来行动。

另外，虽然会花费一点时间，但是确诊为何种病以及确认是否是疾病，这些都不是问题，问题的关键在于家长能为孩子做些什么，如何使孩子正常生活下去。

第一次去咨询的时候，最好选择附近的机构。与小儿科医生商量后，如果能得到介绍去更好的医院，也是不错的。

只有事先将孩子的状况了解清楚，才能采取合理的对策。因此，取得学校或教育机关的协助也能促进问题的解决，和老师进行沟通，还能建立良好的关系。

治疗与调节同时推荐

- ▲ 接受专家的指导
- ▲ 减少问题行为
- ▲ 与人建立关系
- ▲ 适应社会的同时，寻找自己想做的事情
- ▲ 参加社会活动
- ▲ 将情绪稳定下来

不能与伙伴们友好相处的小 C

小 C 总是不能与伙伴们相处融洽。

想到什么就直接脱口而出。

小伙伴提出邀请，但是小 C 沉迷于自己感兴趣的事物里。

问爸爸该怎么办。

去做专业的心理咨询。

逐渐能够发现与朋友有共同的爱好。

第4章

如何应对孩子的心灵呼唤

孩子产生心理问题的原因多种多样，不是简单就能治疗的。要想治愈需要花很多时间，并且其间还有可能复发。关键就在于聆听孩子内心的声音，并采取合理对策，以家庭为主，取得学校老师、顾问、医生的协助，一起有耐心地进行治疗。

了解孩子的想法

进行纠正或拒绝

“不是这样的”“烦死了”等纠正或拒绝都将阻碍沟通。

既不肯定也不否定

即使明显违背事实或者言语很随意和任性，首先也要表示理解。

● 首先了解孩子的任性

爸爸妈妈首先要能理解孩子的任性。与孩子沟通的话至少能让孩子先冷静下来。与其评论孩子的话语是否合理，不如先理解孩子想倾诉的意愿。如果家长对此持否定的态度，很有可能使得症状恶化。所谓沟通交流的方法就是既不肯定也不否定，首先了解孩子的想法，接受他的心情。这样，才能让孩子逐渐冷静下来与爸爸妈妈好好沟通。

有严重的妄想和拘泥症状，请咨询专家

注意到孩子有明显的妄想症状时，首先应与医生商量。不能一味地将大人的想法强加到孩子身上。倾听孩子的心声，一起考虑对策吧。

思想扭曲又叫做“认知扭曲”。当认知发生严重扭曲的时候，就很难改善了。如果治疗受阻的话，还可以采用认知行为疗法，具体操作请咨询医生。

什么是认知行为疗法？

就是修正“错误的行为模式”和“认知扭曲”，建立“正确的行为模式”的一种循序渐进的治疗方法。

表扬及肯定正确的行为方式，诱导孩子反复进行正确的行为。该行为疗法专门面向有强迫性障碍、摄食障碍、行为障碍、适应障碍的孩子。

重在沟通与理解

● 建立相互信任的关系吧

爸爸妈妈要明白，听取孩子的意见和满足孩子的要求是两码事。同时，爸爸妈妈要保持意见统一，建立自己的原则，分清楚孩子的哪些意见可以支持，哪些不可以支持。关键在于不是要满足孩子所有的要求，而是接受孩子的天真与信任。缺乏安全感的孩子如果能对父母有信赖感，情况就会好转。

● 对事物的拘泥会影响到心灵的安定

患有发育障碍、强迫性障碍、综合失调症的孩子最容易对某些特定的事物产生强烈的拘泥感。对于这些孩子来说，要想心里安定，事物的进展就必须按照自己设定的方式走。但也因为过于拘泥而对生活造成了影响，使事物进展总是不顺利，因此，无论是对自己还是对他人来说都是一种痛苦。出现这种情况时，爸爸妈妈就需要和孩子好好沟通，寻找原因。但是要注意不要强行制止孩子的这种心理。情况严重的时候可以咨询专业医生，准确判断症状，再通过药物治疗。

孩子的学习遇到挫折怎么办

● 取得学校的帮助

有发育障碍和心理问题的孩子在记忆上容易存在问题，这样一来就很难集中注意力读书写字和算术，成绩也很难上升。孩子其实也不想辜负爸爸妈妈的期望，但是成绩总是不理想，久而久之就容易产生自卑心理，觉得自己很没用。

所以，如果这种情况严重的话，就需要和校方商量并考虑如何去解决。

● 帮助孩子提高自信

如果自我评价很低，那么做什么事情都不会感到快乐。因此，闷在家里不愿上学的情况也就容易出现了。家人能够做到的就是多将目光放在孩子擅长的方面，多一些夸奖，少一些责骂，孩子就能在鼓励中慢慢增加自信。

解决办法

- ▲ 接受诊察
- ▲ 取得学校的协助，研究相应的学习指导方法
- ▲ 给出具体的提示
- ▲ 完成作业后要给予表扬
- ▲ 保持安静的学习环境

建立让孩子敢于表达想法的环境氛围

在精神上或者学习上有烦恼的话，孩子就容易变得焦虑不安，此时孩子非常希望能向爸爸妈妈或者身边的人倾诉。但是，如果我们不能理解孩子的心情，反而会使孩子的烦恼更加严重。所以，作为孩子最亲近的人，需要建立容易沟通的环境和氛围，让孩子敢于表达想法，孩子的心情得到释放就能减轻压力和减少烦恼了。另一方面，孩子的沟通能力是会随着年龄而提高的，所以需要结合孩子的发育阶段去和孩子沟通。这样家庭关系变好了，以后即使出现小矛盾，也能很快解决。

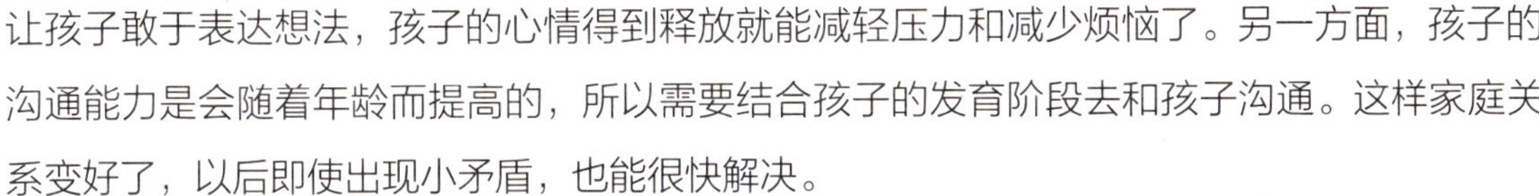

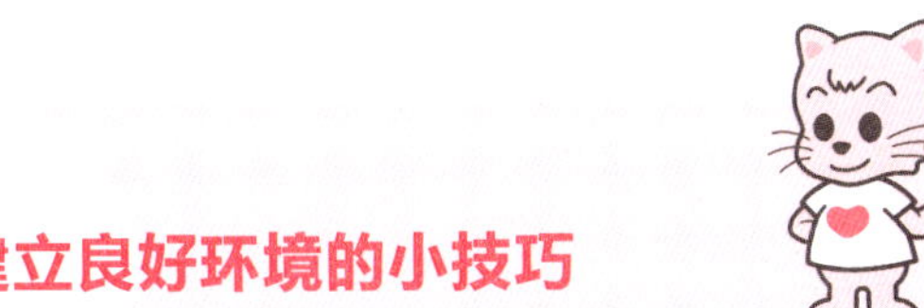

建立良好环境的小技巧

- ▲ 不随意改变态度或者意见
- ▲ 尊重孩子的人格
- ▲ 扮演好听众的角色
- ▲ 遵守约定
- ▲ 努力解决问题
- ▲ 理解孩子的心情

如何接纳和理解孩子

● 帮助孩子消除自卑感

对孩子有过高的要求或者期望时，孩子的压力就会增大并且容易焦虑。要想让孩子拥有自信，爸爸妈妈首先要接纳和理解孩子本身。

要想让孩子听话，首先应该听听孩子的牢骚

如果发现孩子出现了问题行为，想必爸爸妈妈们会想尽一切办法解决，而过于强烈地去斥责孩子或将自己的意见强加在孩子身上，虽然显出了家长的威严，但是却不能解决孩子的问题。

要想真正解决孩子的问题，就要知道孩子出现这些问题的原因是什么。第一步就是要听听孩子的牢骚，然后用孩子最能理解的方式去教育孩子。经过这样的沟通，也许还能增进亲子之间的信任，加深亲子之间的感情呢！

沟通很重要哦！

- ▲ 建立一个可以集中精力的环境后再进行沟通
- ▲ 说话要简单易懂
- ▲ 好好看着孩子的眼睛
- ▲ 不要只顾教育，也应该多听听孩子的心声

责骂之前先让孩子理解

在责骂孩子之前先用肯定的口吻说话，不说“不可以这样做”，而说“应该这样做”。如此进行具体的说明才能帮助孩子理解所谓的社会规则和学校制度哦！

爸爸妈妈不知如何是好的时候怎么办

● 表扬可以提高孩子的自信

也许有些家长只看到孩子的缺点和不足，所以很难去表扬孩子。其实，孩子如果能得到表扬。就能提高自信。爸爸妈妈们要多多表扬孩子哦！

表扬孩子的小技巧

- ▲ 要看到好的方面
- ▲ 重新思考一下是否目标定得太高
- ▲ 不说让孩子感到有压力的话
- ▲ 遇事要乐观思考
- ▲ 鼓励说“你已经很努力了！”
- ▲ 先让孩子做可能做到的事情
- ▲ 重视孩子努力的过程
- ▲ 不要焦急，要慢慢等待

当孩子陷入恐慌状态的时候家长要先冷静

有心理问题的孩子常常容易陷入亢奋状态、混乱状态或者恐慌状态。程度严重的时候还会出现发烧、头痛等症状。这就需要家长们冷静的采取对策了。

恶言

▼

不能克制情绪，
对周围的人
恶言相向。

亢奋

▼

不能收敛兴奋，
会突然亢奋、哭闹。

对策

▼

①不要强行制止，应静静等待孩子的情绪平稳下来。

②等孩子冷静之后，和孩子约定好不再发生类似的行为。

③如果孩子能遵守约定就给予奖励，并继续观察孩子的情况。

④爸爸妈妈不知道怎么办的时候应去咨询专家。

自残

▼

亢奋或者失落之后
伤害自己。
用物体撞击头部或
掀掉指甲盖儿。

暴力

▼

突然间发怒，
对他人施加暴力，
破坏东西。

爸爸妈妈的教育与关爱方式并不是主要原因

● 形成孩子心理问题的原因有很多

当孩子出现心理问题的时候，很多家长也许会觉得是自己的教育方式出了问题。但其实教育与关爱方式并不是心理问题形成的主要原因，遗传因素也并不能决定一切。因为孩子的成长不仅仅受到父母教育的影响，还受到自己的性格以及各种社会因素的影响。因此，爸爸妈妈们不要过于自责，应该积极帮助孩子改善问题，协助孩子创造美好的未来！

影响心灵成长的主要因素

学校和社会的教育

遗传因素

和朋友、老师之间的关系

孩子的性格

家庭的经济状况

与父母的相处方式、家庭环境

社会状况

反思生活习惯吧

孩子感到压力和焦虑后，睡眠质量就会被影响，早上也不能早起了。如果是婴幼儿的话会突然间醒来并大声哭喊。另外，如果孩子的睡眠很浅，早上又起得过早的话，就容易引发多种问题，比如抑郁症，焦虑障碍，摄食障碍，综合失调症等。生活规律一旦被打乱，身心也得不到放松。所以，应该先从反思生活习惯开始。如果变得严重，就需要去检查一下是否存在睡眠障碍了。而家人能够做的事情就是给孩子一个轻松、舒心的环境以及和孩子更多的亲密接触，让孩子有安全感，恢复正常的生活。

这些是不是睡眠障碍呢？

- 早上不能起床
- 睡眠质量不好
- 夜里会经常醒来
- 一大早就醒了
- 夜里梦魇
- 白天瞌睡

不要积累压力和焦虑

让爸爸妈妈给孩子温馨和安定的感觉吧

孩子感受到压力之后就会出现一系列的问题行为和身体异常。要是孩子无法将这种心情释放出来，就会通过各种方式暗示身边的人以求得到关注。这个时候，爸爸妈妈需要理解孩子的心情，可以拥抱孩子给他安全感。比起谈话的方式，身体接触更能传达相互的心情哦！孩子的情绪稳定下来之后就能恢复正常生活了。

反之，如果孩子的症状无法得到缓解，孩子就容易失去信心，变得自卑，不管做什么事情都不会顺利，还有会遭到朋友的嘲笑和欺负，这样一来孩子的情绪就会更低落，更消极。所以，爸爸妈妈们需要尽早发现问题的苗头，及时采取措施哦！

强烈的不安及压力的背后可能是……

- ▲ 焦虑障碍
- ▲ 抑郁症
- ▲ 综合失调症
- ▲ 摄食障碍等

教孩子与人相处的技巧吧

前面介绍过如果孩子患有心理问题或者发育障碍的话，会引起很多生活问题。其中，最容易出现的就是人际关系的问题了。

如果孩子不能与人相处愉快，也不能与人正常沟通的话，还会加深孩子的烦恼，有的孩子还会因此遭到无视和欺负。所以，爸爸妈妈们一定要帮助孩子，清楚明白地给孩子说明与人相处的技巧。比如“说话之前要先用脑袋想一想”等。对于孩子的努力也要给予鼓励，才会慢慢恢复孩子的自信。另外，也可以取得医生或者老师的帮助哦！

与人相处的技巧

▲ 要思考表达方式

▲ 说话之前要先用脑袋想一想

▲ 表扬孩子的努力，提高孩子的自信

▲ 取得学校的帮助，避免被欺负

如何应对心灵创伤

● 懂得调节压力

现代社会存在很多的压力，要想避免是很难的。如果不会调节压力，压力就会逐渐变大，就像心灵创伤一样挥之不去。而对于心灵创伤，关键是要学会减轻压力，调节压力。

应对心灵创伤的对策

▲ 要乐观思考：发生同样一件事情，是乐观看待还是悲观看待，结果面临的压力值也会完全不一样。所以，平时要养成积极乐观的心态哦！

▲ 不要纠结过去：如果纠结于过去，就忘不了心灵的创伤。所以，不要只是回到过去，应该多看看现在和未来。

▲ 要有适当休息：什么事情都认真对待的人更容易有烦恼。能有适当的休息才会拥有精神活力哦！

▲ 不要追求完美：越是追求完美就越容易在犯错的时候难受不已。所以，不要什么事情都追求完美，看到当下的百分百努力就可以啦。

▲ 有自己的时间：最好有自己的时间以及可以放松的场所。

● 被欺负的时候要尽早想办法解决问题

如果孩子被他人嘲笑或者欺负的话，对孩子自身来说会是一种强大的心理负担。如果孩子年龄较大倒是可以和同龄人商量解决，但是孩子年龄较小的话就需要大人的帮助了。这时候大人需要理解孩子的心情，给出良好的建议和帮助。嘲笑也是一种欺凌，大人们应及时发现并想办法改变这种环境。

还有的孩子不仅自己被欺负，自己也会出现冲动的行为，尤其多见于有发育障碍的孩子。由于他们不能理解对方的心情，所以他们会无意识地攻击其他孩子。这种情况就需要家人和老师想想办法帮助了。

常见的问题

- ▲ 不愿意去上学
- ▲ 不能与人很好地交流
- ▲ 大脑会不断闪现其他事情
- ▲ 对别人的搭话不理不睬
- ▲ 肢体不灵活
- ▲ 无法理解上课内容

在心理问题严重之前去看医生吧

● 咨询专业医生

关爱有心理问题的孩子，最好是去咨询专业机构或者专业医生。如果觉得自己的孩子出现了心理问题，就在问题严重之前去咨询吧！

如果孩子不愿意去医院就诊的话，爸爸妈妈还可以通过电话咨询获得建议以及取得学校帮助。爸爸妈妈也可以先打听一下选择哪个保健中心或教育咨询机构最适合自己的孩子。

这个时候应该怎么办？

身体症状表现很强烈

▼

去小儿科

心理问题很严重

▼

去儿童精神科

附近没有专业机构的话

▼

可以去大学医院或者综合医院的精神科

● 爸爸妈妈的第六感是很准确的哦

还在成长中的孩子每天都会发生变化。昨天还很乖巧，今天就变得不听话。这时候爸爸妈妈的第六感是很准确的，比如根据孩子的征兆，妈妈会想“咦？今天孩子稍微有点消沉呢”“上周孩子还约好和朋友一起去玩的，最近怎么一直待在家里呢”。不要小看这些疑虑，它们说明了孩子可能存在心理问题和障碍哦！所以，当爸爸妈妈发现孩子的状况不对劲，并对此有疑虑的时候，应该尽早向医生咨询，避免情况恶化。咨询的方式可以是电话或者邮件，选择适合自己家庭情况的方式去咨询吧！

● 爸爸妈妈的意见或者心情稳定的话，会有助于改善孩子的症状

要想改善孩子的症状，家长的意见必须统一。经过诊断之后，也许有的爸爸妈妈会出现动摇或者受到打击，但是为了孩子，也应该尽量保持冷静。不要觉得孩子出现问题的责任都怪自己，应该积极乐观地思考对策，接纳孩子本身，理解孩子的心情。而且，即使是同一种病症，每个孩子的状况或者成长环境都不一样，所以还应该选择适合孩子的治疗方法。

去医院时需要注意的问题

● 就诊时会被问到的事情

去医院就诊时，医生一般都会问关于孩子的发育情况或者目前的生活状况。家长们要将心中的疑问和烦恼全部告诉医生哦！医生会对孩子进行各种检查来确定症状。确诊有时候需要花点时间，家长们不要着急，应该冷静耐心地接受医生的指导。

检查流程

询问孩子的症状

▼

医生会直接详细地询问孩子有哪些不安和问题

询问家人

▼

医生会询问家人关于孩子从出生到现在的发育状况、病历，以及其他问题

智力检查和心理检查

▼

有很多种方法可以检查发育情况、性格倾向等。进行智力检查还能知道是否患有智力障碍

身体检查

▼

医生会根据情况来确定是否进行身体检查和大脑检查

要积极配合检查哦

就诊的时候，可能会受到打击或者压力增大，但是为了改善孩子的状况，家人需要保持积极乐观的心态采取对策，孩子也会受到家人良好的影响而促进病情往好的方向发展。

接受诊察的时候

“天啊！”

▼

积极接受事实吧

“怎么可能！”

▼

思考一下孩子的成长状况吧

“为什么我家的孩子是这样！”

▼

不要消极，要冷静

“父母的责任”

▼

遗传和教育方式并不是主要原因

“没有办法了”

▼

不要放弃，要有耐心地帮助孩子解决问题

帮助孩子缓解不安和痛苦吧

● 养育孩子的过程会伴随着苦恼

有心理压力和心理问题的孩子常常会由于一点点小事就变得失落和不安。压力不断积压之后就会无法解脱，随之而来的便是痛苦。这个时候，家人和周围的人就需要正视问题，考虑对策了。最佳的治疗方法是由父母来帮助孩子解除不安和痛苦，哪怕是一点点也好。

为了采取适当的对策，可以问问孩子，也问问自己“孩子现在是什么状况”“是什么原因造成的”“当前症状的背后是否潜藏着其他疾病”。正确的理解对于症状的改善是很有帮助的。

● 根据孩子的理解力来确认是否将病名和病情告知孩子

家长需要和医生商量之后再决定是否将病名和病情告知孩子。其要点就是孩子的年龄、理解力、性格等是否合适。如果孩子的理解力没有问题，那么告知病名病情还会有助于治疗，使病症向好的方向发展。但如果是针对消沉的孩子或者将错就错的孩子，告知病名病情则可能会出现不好的状况。所以，建议家长们要弄清楚孩子的性格和状况，好好考虑之后再告知。

总是感到不安的小 D

总是感到不安的小 D。

去上学的时候也担心“今天会不会又失败了呢”。

休息时间也不和别人说话，自己待在图书室看书。

如果有同学突然来搭话，小 D 就会面红耳赤心跳加快。

向医生咨询之后才明白原来谁都会有不安。

慢慢地交到了一些朋友。